詩學院 VI

雙子葉

何乃健‧秦林著

文史哲出版社印行

序

陳瑞獻

甚至用李白筆下的桃花潭也不足於形容乃健與秦林之間的深切友情。誠篤，謙讓，相關照，久長，一個交友的好典範。更可貴的，兩人是新馬兩地詩壇上詩齡長成就斐然的傑出詩人。乃健的筆一直指向生命的本源，而秦林的一直在捕捉生命的諸種體現，二者合為一卷，正是人與詩為友最堪玩味的長卷。

二〇〇〇年六月二日

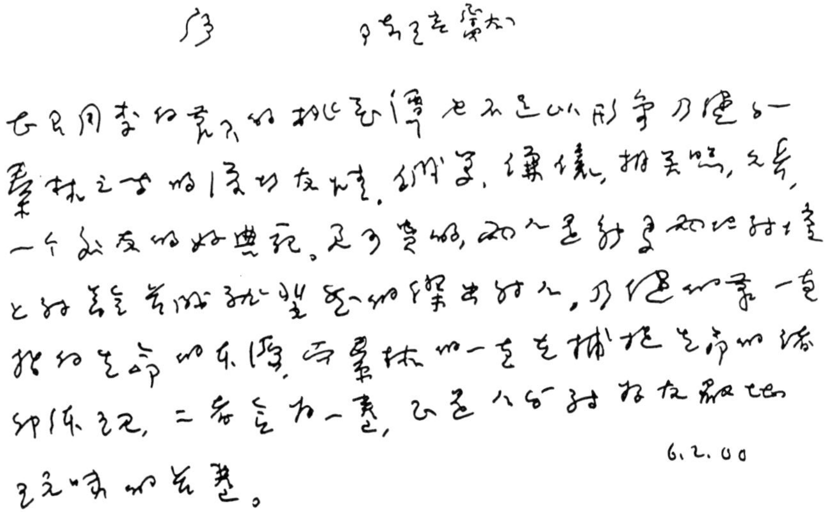
序　陈瑞献

甚至用李白笔下的桃花潭也不足以形容乃健与秦林之间的深切友情，诚笃，谦让，相关照，久长，一个交友的好典范。更可贵的，两人是新马两地诗坛上诗龄长成就斐然的杰出诗人，乃健的笔一直指向生命的本源，而秦林的一直在捕捉生命的诸种体现，二者合为一卷，正是人与诗为友最堪玩味的长卷。

6.2.00

雙子葉 目錄

第二部：秦林之詩

第一部：何乃健之詩

粽子

祖母還活著時
總愛投入整顆心去裹粽子
她堅持挑選梅花香的糯米
餡裡的栗子必須精緻如楚辭
她只用從家鄉辦來的竹葉
用過了還以帶著黃河泥味的水
細心的把竹葉滌淨、去濕
不管葉子依然完好，還是已經殘破
都放入酸枝木柜裡小心安置

媽媽年輕的時候，那些年頭
熱騰騰的粽子仍到處獲得殷求

雖然她不忘選用神州來的綠豆
她也偏愛天壇牌子的五香肉
然而她更喜歡採用甘榜種的糯米
又說雙溪旁的竹葉裹粽更可口

自從惡毒的謠言誣指粽子引起霍亂
昏庸的執法人員嚴辦賣粽的攤檔
粽子開始少人問津了
反正不吃也無妨
街頭巷尾盡是爪哇麵、熱狗和羊肉湯
年輕的姪兒對我說：
還是吃熱辣辣的沙爹比較爽
管他將來粽子的食譜會不會失傳！
我心中感到陣陣創痛
縱然不畏懼巡警猙獰的面孔

卻擔心孩子們不依祖母的愛心裹粽
海棠的芳香盡在粽子裡包容
這淵遠的手藝一旦失傳
忘了屈原，忘了端午的龍
有一天會退化為膽怯的壁虎
只能窩囊地活在牆角的隙縫中

——一九八四

稻草

很多年前我已知曉
自己只是田裡的稻草
靜默裡為結穗而弓背
無聲中為下季豐收而燃燒

很多年後我豁然領悟到
幾許稻穗被拖去墊田鼠的老巢
焚成灰燼的稻稈
只能為寸土稍添些許肥料

那群自詡為稻草的高朋
竟然不由自主地被紮成稻草人

在風中搖曳著破袖子
自以為肩負土地神的大任
其實他們連跟前的稻穀也維護不成

我毅然把這束稻草扎成火把
讓風揚起燎原的火花
去燃燒荊棘，去開墾荒芭
把濃煙吹入蛇窩鼠穴
將火種為待燃的火把留下

——一九八四

孤島

漫天的陰霾踹壓著這個孤島
蟬鳴寂了，彷彿預先知曉
就要到來掃蕩的
是一場吞噬白晝的熱帶風暴

大潮汐鼓動著囂張的浪濤
在堤岸周遭狂吼與咆嘯
小潮汐慫恿陰險的暗流
腐蝕淺海護岸的岩礁
沙灘上露根的椰樹不安的絮叨
低氣壓的天空隱示颱風的徵兆

很多杞人開始憂天嗟嘆
孤島快要陸沉了，泥灘橫屍著破船
怒濤要席捲所有的田園村莊
山洪把城市衝擊成急性的潰瘍

有的人呼籲群眾齊心去修堤築壩
暗地裡卻把防波堤的石塊敲下
搬回去鞏固自己的屋牆與籬笆
有的人大聲提議多植些防風林
私下卻為了建造自己的方舟
鬼祟地把林裡壯碩的樹砍伐！

靜默中只有微小的珊瑚
提取海中的石堊把岩礁鞏固
沉郁中只有紅樹林
沿著海岸把泥沙兜住

刮風時還聽見綠葉在互相鼓舞
我們無須沮喪畏縮
這孤島在海床下連接著壯闊的大陸棚架
儘管海嘯喧鬧得天翻地覆
終不能在地圖上把孤島滅塗！

——一九八五

海棠

你問我為甚麼還種海棠
在赤道上，這種盆栽已不吃香
多種些高貴的薔薇吧，你看
這種花卉最有價值，適合國際市場

他也來勸我把海棠拋棄
說農林部正鼓勵種植胡姬
海棠源自異地，不準蒔在公園裡
這盆栽很難護理，遲早要受病蟲侵襲

我微笑著答說薔薇不容易服侍
種得太密可要擔心莖上的鉤刺

胡姬的根淺，不能在土壤裡扎實
弱莖必須依賴支柱的扶持

唯有海棠令我嗅到五千年的芬芳
她的莖挺拔著屈原的傲岸
花瓣含蓄著陶淵明的悠然
葉脈洋溢著李白、蘇東坡的奔放
豐姿蘊涵著顏回的淡泊
神貌煥發出司馬遷、文天祥的坦蕩
她的生態招引我熱愛中庸的煦陽！

——一九八五

端午

爐火正旺，鍋裡的水滾燙
像兩千多年前憤怒的汨羅江
妻扎好的粽子在我眼前一揚
就沉入了熱氣騰騰的沸水中
一股地震強烈的餘波
在我心頭閃過；呵，三閭大夫
那是你的影子麼？
懷著滿腔「悲回風」的幽怨與哀傷
連同懷抱裡的巨石一起水葬？

電視機裡正映現數艘疾馳的龍舟
百槳切浪，彷彿要逆著湍流

划向歷史，划向時間琮琤的上游
去把投江的三閭大夫搶救
螢幕裡接著是一片漪漣蕩漾
垂釣的漁父在風裡呢喃
我隱約諦聽到他低微的嗟嘆：
唉，追尋也徒然，那縷詩魂已綻放
朵朵芙蕖，在滄滄的澤畔
他的堅貞，舒展成雪白的荷瓣
他的悲憤，燃燒為如火的蓓蕾
迸發無聲的吶喊！

窗外已黃昏，禿的欖仁樹
愴然地把枝椏朝天而伸
恍惚中我看見枯槁的靈魂，低吟著「天問」：
——什麼時候，龍啊，你世代的子孫
可以擺脫昏聵的楚王不散的陰魂？

——什麼時候，賣族的鄭袖、子蘭
不再輪迴人間，貽害蒼生？
——什麼時候，坎坷的民族
將再現「國殤」裡忠耿的鬼雄？
——什麼時候，盛世會到來
賢能行美政，處處聞「橘頌」！

我把塵封已久的楚辭打開
暮色披著「抽思」的憂鬱，在詩行間徘徊
疏簾外，寒星臨著暮靄
像詩人「涉江」時灑下千年不乾的淚
為宗廟坍塌而閃爍著悲哀
「懷沙」與「哀郢」的心緒牽動了蟋蟀的愁懷
淒厲的「招魂」：噫、吁、嘻，魂兮歸來！

正當我的心緒隨著汨羅江畔的蕙草

在「惜往日」的哀傷裡任憑風雨飄搖
妻的呼喚，揚起了風鈴陣陣的迴響
喚醒了我，輕輕合上沉鬱的「離騷」
孩子們圍攏著剛蒸熟的粽子
高興地蹦跳，呼叫與嘩鬧
我把粽子的草繩慢慢解開
竹葉裡渾圓的蛋黃，倏地湧現朝陽的微笑
我把粽子端到孩子面前說：
——瞧，只要每粒糯米能夠領悟到
不互相排擠，緊緊地黏貼在一起
就能把這顆小小的太陽擁抱！

——一九八六

臍帶

四十年前我已經斷了奶
然而在我身上，不，是心上
還牽引著一條倔強的臍帶
那胎盤還溢滿著嫣紅的熱血
緊貼著滋養我的子宮壁
那裡，自從開天闢地以來
懷過三皇五帝，以及
照亮了二十四史的靈胎

我兒時的稀粥
是搯湄南河的泥水燒煮
我年少時的行囊

沾滿了檳榔的雨露
我壯年以後的腳印
都深烙在米鄉的田土；
然而，不管我漂徙到
任何一個經緯交織的網角
我心中那條固執的臍帶
時刻抗拒鋒利的剪刀；

每次翻閱歷史，血脈就不期然
為蘇武、文天祥而賁張
為左光斗、史可法而淚血交流
為靖康恥、為鴉片戰爭而血壓上揚

有人說這條臍帶最累贅
割斷它與切除盲腸一樣無所謂
何必為了失落淵遠的族譜而淚垂
最要緊的是能在沙籠搖籃裡

安詳地睡，沒有人狠力去推；
只要滿嘴獰牙的褓姆
暫時還不會
抽掉那快給吸癟的奶嘴

我卻一再堅持自己
永遠以這條臍帶去吮吸
母體裡蓄了五千年的蛋白質
以及令我免疫的抗體
這臍帶所輸送的磷和鈣
令我的脊椎垂直而立
這臍帶的血漿裏融匯了
竹的氣節、蓮的傲岸，以及
愈冷愈豔的寒梅
冰雪中展現的生機！

——一九八六

燈籠

善變的天空又再刮起季候風
滂沱的雨從黑雲竄出俯衝
嘩啦啦地撲向簷下古老的燈籠
蠟紙被雨水淋濕了
紙上的字跡變得斑駁朦朧

燈籠裡的火舌臨風搖幌
無聲地傾述自己的滄桑——
自從燧人氏鑽木取火來烤暖
火種就開始挑戰黑夜和酷寒

蒼蒼的海棠葉，莽莽的神州

火種照亮了指南車
黃帝在涿鹿戰勝了蚩尤
自從烽火台燃遍紛擾的春秋之後
千載以還火光映在土黃的臉上
淚痕總是沉澱著太多的哀愁

燭火曾經明滅於五胡亂華的黯澹
華燈曾經璀燦了漢唐
燃燒的火焰，成吉思汗始終斬不斷
入關的女貞族，最後像傾瀉的鹽
不由自主地融化於泱泱華夏的汪洋

祖父南渡時在大海裡揚帆
燈籠為他導航。指引方向
逆旅中遭遇風浪與險灘
全憑燈籠裡不滅的燭火壯膽

在瘴氣裡，父親把燈籠提起
搖醒渾沌中沉睡的大地
昏黃的燈影照紅了荊棘上的血
荒山上燭淚灑遍了無名的墓碑

高樓聳立後人們淡忘了燈籠
蒙塵的心閃爍成逐鹿幻影的霓虹
燈籠被棄置古廟簷頭
寂寞地看著蝙蝠做夢
蜘蛛捕捉迷途的昆蟲與無定的風

我彷彿聽見火舌在風中太息
一旦燈籠火滅光熄
電流中斷的漫漫長夜裡
沒有燭火，泥濘與深坑如何迴避？

我的心為燈籠將熄而哀傷
哀傷中我毅然緊握同伴們的掌
互握的手掌互相交流著熱量
來吧，讓我們為燈籠把塵埃揩淨
把雨水抹乾，把破簷修葺
把風雨遮攔，並且別忘了
去把火種相傳，將更多燈籠點亮！

——一九八六

掌紋

我不相信，這堆筆劃不清
縱橫掌心，歪歪斜斜的甲骨文
是冥冥之中，一位神秘的蒙面人
為我的生命，雕鏤的縮影

我也不會，把這幾條掌紋認為
地圖上不變的經緯
那些紊亂交錯的座標
也不可能，為我生命中的
高山，或者盆地定位

我永遠深信

黃河憑藉自己的意志改道
我深切明瞭
冰雪壓抑不了
喜瑪拉雅山繼續增高
一旦海底的溶岩把悲憤引爆
千百次海嘯，也淹沒不掉
突破萬噚碧濤
傲然昂首的火山島

如果你真的要為我看掌
預測何時命中會潮退或潮漲
我請你把耳朵貼近我胸膛
聆聽這顆心，疲憊了還擂鼓
脈搏倦累了，仍瘖啞地吶喊
命運呀，命運
只要我一氣尚存

就不允許你

霸道地　跨騎在　我身上！

——一九八七

黏土

向時間的上游徐渡
濃霧迷茫處
徘徊著　開天闢地的盤古
女媧額頭的汗珠
都搓捏入手中的黏土

霧裡倏地沙騰石躍，火翔電舞
瘋狂的共工　如飛錘擲出　那頭顱
直撞不周山　像發怒的隕石　觸崩擎天柱
呵　命運　塌陷後留下的缺口
煉盡天下的彩石
這窟窿　總無從修補

自那一刻起　水和粘泥
不，是淚與臭皮囊　混凝一體
多少洪水，由洪荒到二十世紀
把黏土沖入江河與海裡
多少亢旱，撕裂大地的糙皮
多少黏土滲入淚血築長城
多少黏土堆砌運河的壩堤

在那片被糟蹋的海棠葉上
拖拉機橫衝直撞
輕蔑地淫笑　尖聲地嘶喊——
黏土黏土　你這東亞病夫
我要把你犁得體無完膚，粉身碎骨
囂張的坦克與裝甲車　趾高氣揚——
黏土黏土　你命中注定
要讓臼炮輪姦　軍靴凌辱

啞默中　噙著淚光
黏土孕育了一代又一代的禾秧
地基下　肩負起木樁
黏土墊持著巍峨的殿堂
土層裡的地下水
被深井慢慢地抽乾
鐵船與沙泵
掏光沖積層內的礦藏

把憤懣深吞，把豪雨吸入土層
等呀等　期待著　大地噩夢中翻身
終於火山忍無可忍
讓地震踢開了地獄的牢門
溶岩把燃燒了千年的悲憤傾吐
填平了深凹的山谷
土崩淹沒了刮削無厭的挖泥機

泥潭沉埋了助紂為虐的鏟與鋤

熊熊的火光裡
當年女媧手中柔順的黏泥
脫胎而成硬朗的陶器
浮雕的蟠龍終於昂起頭來
要從陶土裡奔出
沖天而起

——一九八七

松尾芭蕉銅像前

風濤催醒了中尊寺
你拄杖神馳，聲聲蟬嘶
在你低眉時，蛻化而成
俳句中深深的禪思

三百年在風中一幌
翩然如櫻花繽紛的瓣
當年你手栽的新竹
已綠遍禪定千年的青山

當年古池中的青蛙產卵後
咯咯蛙鳴悠然合奏

不知搖醒了多少睡蓮
自淤泥迷幻了的蓮藕

每次瀟瀟夜雨歇後
一只孵化自俳句的蝌蚪
啣著一盞寒星而來
在我心中隱秘的深溝裡泅游

附記：松尾芭蕉是日本俳聖，它的不朽之作「古池、蛙、躍入水中、喧聲」，原文由十七個音節組成。卡爾・列維特認爲：「人生如同蛙躍造成的聲音，無聊、感傷而又稍縱即逝；它引起一點兒喧聲，但是很快就消失了，依然是極端的寧靜籠罩在古池上。」然而，如果我們換過另一個角度來品嚐，那麼，我們將會感覺到生命的充實。古池雖靜寂，然而靜寂中卻深蘊生機。隨著春回大地，蝌蚪在靜寂中茁壯爲蛙，而蛙又躍入水中產卵，那喧聲啓示生命連綿不絕，生生不息。

——一九九五

霾害

公元二〇五〇年之後一個炎夏
一位來自外太空的考古學家
深入探研之後　發表談話
人類滅亡的主因
不是疾病與天災
也不是小行星撞擊地球後
揚起了漫天吞噬陽光的塵埃
而是人心深處的泥炭土
蔓延著失控的森林大火
引發了靈魂嚴重缺氧的煙霾

——一九九六

孤僧

沿著羊齒蕨吃剩的羊腸
悠然邁向疏林後的夕陽
幾只蜻蜓在他身畔
盲目奔竄
盤算著，如何捕捉
古寺晚鐘的回響

——一九九七

清明節

在墓園裡，忽高忽低
忽明忽隱，忽東忽西
流螢，像焦灼的心
忐忑不寧。莫非
牽引遊魂返鄉的路
被荊棘與蔓草吞噬了
抑或那陰森的泥濘小徑
太多曲折，崎嶇難行

——一九九七

向日葵

因為迷信宇宙中
唯一的光源是太陽
向日葵始終拒絕相信
銀河內外還有無數的恆星
比頭上的太陽更燦亮
散發更沛然的熱能
迸射更耀眼的光芒

——一九九七

高塔

高塔驕矜地自誇
遠山都比他低矮
丘陵都在他腳下
唯有他最靠近朝霞

地下水在土層深處流動
慢慢將地基下的石灰岩蝕空
地震驚夢，高塔傾塌了
碎屍為脊椎鬆脫的恐龍
野狗常來斷裂的塔尖撒尿
褪了色的錦旗，被扯入潮濕的鼠洞
白蟻蛀穿了所有雕樑畫棟

蛀穿了破裂的鏡框裡
戴上假髮假牙浮腫的面孔

——一九九七

撒哈拉沙漠

撒哈拉沙漠
聽說你很久以前
到處都是草原和湖泊
而今那澮澮的源頭活水呢？

「大飢荒發生的當兒
都匯流入餓殍的淚腺裡去了！」

撒哈拉沙漠
那些草原上的豺狼
那些湖泊裡的巨鱷
為什麼都銷聲匿跡了？

「全部躲避到腦滿腸肥的
貪官污吏，財紳軍閥心窩裡去了！」

撒哈拉沙漠
每個沙丘背後拖著長長的陰影
那裡究竟掩蓋著什麼隱情？
「那裡重重疊疊地積累了
暴徒、莽漢被壓扁與風乾的良心！」

撒哈拉沙漠
請你告訴我
如何將綠洲喚醒呢？
「先在每個人心中掘井
先在每個靈魂裡植林！」

——一九九七

種籽

在我掌心裡沉睡
夢裡舒展千頃的蒼翠

再沿我的指縫徐徐滑落
泥土裡伸伸腰　心裡盤算著
要為秋田裡的農婦與飛鳥
編寫幾首綠色的歌謠

我期盼雨水快快
嘩啦　嘩啦地到來
唱著歌　把我的掌紋漲成了
縱橫交錯的運河

——一九九七

鐘乳石

億萬年的風雨和雷電
摧折喬木的枝椏
沖刷了表土的泥沙
這刺骨的鞭刑　始終無從改變
山巒的意志　斷崖的容顏

當胸腔被剜掏而空
啞默地忍辱的群峰
任由淚水潸潸回流
讓遍體切膚的悲痛
沉澱之後凝固成鐘乳石
填補蝙蝠紛飛的窟窿

——一九九七

斷壁

石壁的直斷面上
砂岩緊緊　挾擒著不放
時間在造山運動的年代
翻騰而起的波瀾

當我輕輕敲扣
石壁即刻傳來嗆嗆的咳嗽

回音中隱約可以聽到
恐龍滅絕前的嘶嚎
原始人敲擊燧石取火後
仰天的長嘯

——一九九七

骨灰罈

誰說白骨墜落瓷罈裡密封
像隕石自焚後
潛沉於無邊的黑暗中
生命　即由永恆的嚴寒冰凍

其實　那幽冥如冬夜的囚籠
是宇宙不老的子宮
千載以來不斷地妊娠
懷孕了無窮即滅即燃的火種

——一九九七

悟

兒時　只懂得從香噴噴的年糕
找尋春天的味道

年少　竟然誤信能為春天引路的
只有喧鬧的鞭炮

而今　深悟把春天從嚴冬裡喚醒的
原來是輕柔的鳥囀

春風裡　我只期盼溪聲把我搓揉成
湖畔灑脫的垂柳
忘憂的綠條

——一九九八

滴水觀音

即使將滔滔銀河傾盡
也淋不熄的火焰山　淨瓶
只以一滴淚的晶瑩
就撲滅了烈火的無明
並從死灰中　將新綠搖醒

——一九九七

盲丐

半個世紀的辛酸
半個世紀的動盪
翻掀為洶湧的波瀾
追逐於粗皺的額上

他的瞳眸中　夜霧瀰漫
燈塔裡　電流永遠中斷
多年來　許多夢　頻頻觸礁後
殘骸遍布起伏的波濤上
嗟然長嘆的浪花
在風濤裡披散　無奈的飄揚

——一九九七

年輪

歲月撥弄的漪漣裡
奔竄著懼光的白蟻
慌亂地啃噬著樹墩的紋理
深恐這圈圈漣漪
倏地急蕩為漩渦
許多掩埋多年的隱秘
隨著回漩的渦卷浮漾而起

——一九九七

冰島火山

大地堅挺起胸膛
撕開肋骨　坦露嫣紅的心臟
面向太陽　扯裂動脈管
沖天飛灑的鮮血
連同沸騰的心志浩然宣洩
千年積壓的冰雪
未令滿腔熱血冷卻

——一九九七

後記

何乃健

重讀楊牧的散文集「一首詩的完成」，內心思潮起伏。楊牧以冷靜的筆調分析美學與人生的和諧與矛盾時，坦然地告訴我們：詩不能自劃牢獄，排斥題材。詩不可掉頭離開人間的現實。詩也不能夠只為追求人間的假象而存在。他重申詩應該正面逼視這個世界，並且誠實對待陽光下的一切真象。楊牧最令我折服的一句話是：完美的文字，永恆的詩，必須有它哲學的基礎，必須立足於人性尊嚴的肯定。

自從十三歲時閱讀了冰心與泰戈爾的小詩，而嘗試以簡短的詩行來抒情寫景開始，我斷斷續續寫了千餘首分行的文字。這些詩作通常完成之後，都被我擱置一旁。過了一段日子再重閱，如果這些文字已經不再能夠令我的心靈悸動，也不能使我的心緒隨著韻律起伏，我都義無反顧地將這些作品丟棄。我常常提醒自己：如果寫出來的東西不能感動自己，又如何能夠期望這些文字感動別人？由於對自己的要求很高，這四十年來寄出去發表的詩作，不及寫過的作品總數的四分之一，而真正能讓我多次重閱之後仍然敝帚自珍的，更是寥寥無幾。

寫詩多年，深切感受到想像對於詩，正如葉綠素對植物那麼重要，只有葉綠素能將平凡的水和碳酸氣合成為碳水化合物，只有想像能使沒有生命的事物在詩中有了脈搏。然而，詩的世界海闊天空，想像雖然重要，如果不是從生活中孕育出來，那麼，這些想像只是簷前的麻雀，而不是其翼若垂天之雲的大鵬。

整理這堆詩稿時，我想起楊牧翻譯濟慈講過的一句話：美就是真，真即美，那是人間的一切。我謹以這句話與愛詩的朋友共勉。

（公元二〇〇〇年二月八日）

第二部：秦林之詩

無題

去年中秋節
和你家三代人
一起在月光下散步
啃硬如石的南京月餅
鄉愁
就坐在月亮上

今年中秋節
舉頭望明月
嫦娥和吳剛正在啃月餅
情思
就坐在月亮上

出門

網球選手出門了
她說捧在掌心的球太冷了
便想起琥珀的陽光

時裝模特兒出門了
她說如此發霉的衣裳
不可能擰出片片的陽光

文學藝術家出門了
他夢見長安街哭得像棄嬰
遂想起越戰屍骨猶未寒

留學生出門了
公幹人員出門了
經濟學家出門了
政治學家出門了
那扇「窄門」就像脊樑骨
發出深秋的蟲聲
敲醒了紀德的夢

於是
釣魚島出門了
八千里路雲和月都出門了

——一九九一·二

林海雪原

林

抬眼望去
旗如林
風如火燃燒所有過去的回憶

我們努力擺篙
穿越陰濕的夢土
向著東升的新陽

寂靜的林
鳥聲遂搓成一絲微弱的日影

海

帆落風盡
讓我在美麗的河灣等你
與蘆葦爭辯不休
黑髮變成白髮
仍等你淡漠的海吻

海上一輪中秋月
秋海棠包著咳出的血漬

雪

感覺
從白色的雪神手中
幾隻鳥被釋放出來
再也飛不起來

所謂
千里冰封　萬里雪飄
原來就是一個龐大的白色劇場

他徹夜煮雪
雪原上的鬱雪
遂在暗夜裏滴下第一千顆眼淚

原

你的笑你的哭
你的愛你的恨
你的詩你的歌
根本就沒有在雪原留下鄉愁

不是嗎

一座形而上的殿堂
拒絕交出雪原上的夜色

一盞紅燈
遂在雪崩之前
荒涼地在河原中尋找那個寡情的人

——一九九一·七

如果聊齋更聊齋

翻開聊齋
竟漂來絲絲啜泣
滲入朦朧的夜空
夜色遂涼如冰了

有人看到
蒲老一臉拂色
倚在黃昏燈市中

一定是那些見利忘義的導演
讓男主角永遠做不完的薄倖
讓女的衫衣剝落如片片落葉

如果聊齋更聊齋
老蒲的一排輕嘆：
R…………
就只好一直掛在黃昏的新月！

——一九九一·九

夜訪杜運燮前輩

來到新華社宿舍
鴿哨吹暖了寒風

萬水千山終都成熟
滇緬公路已鋪築到北京城
與我的心路銜接起來了
遂將料峭的寒流釀成激情的美酒

好一枚香山紅葉貼在你家門前（注）
秋意與我們客廳內對飲
終不忍讓冬夜來下逐客令
讓我離去時將鴿哨揣入懷中

（**注**）杜家門貼上「衛生之家」，遠看如一枚紅葉。

——一九九一·十一·十于沈陽

馬

馱著白水黑山
馬蹄踏踏踏在瀋陽的街道上

你這農民的馬啊
你這戰士的馬啊
你這詩人的馬啊
你這北方的兒子啊
讓我深情地向你致意

眼前抽鞭不再
老馬形象不再
但在佈滿冰雪的道路上

你仍難健步如飛
你這北方的兒子啊
讓我深情地凝望你
你那充滿了憂鬱的眼神

——一九九一·十一·十三沈(瀋)陽至北京列車上

窗外的太陽

白濛濛的一朵紅玫瑰
像冬天的微笑令人顫慄……

我給遠方愛人的低吟
她一直貼近窗外聆聽
列車奔馳過江南的田野水鄉……

紅得令人目眩的石榴
像愛人高聳的胸脯
令我的肉體和靈魂
不斷受到沖刺和滌淨……

不論我走到嚴寒的北方
或是荒涼的大西北
凝聚的淚珠就要掉下
似是窗外令人陶醉的臉龐……

——一九九二·四

飄落

杭州的地址不清楚
不知在西湖的這一頭
還是在西湖的另一頭
他耐心地問行人
行人耐心地指路
他遂和中秋明月
沿著一條不歸路
登門造訪了那家人
微醺的面靨遂飄落湖面

——一九九二·七·十九

大觀園奇遇

直到現在
睡夢中還恍惚聽到門鈴聲
睡眼惺忪地問寂寞的心情：
是不是他們放假回來了？

許多千瘡百孔不知從何訴起
或者就是無從說起
當我們都像那輪夕陽
我們是否還想起那段璀璨？
一陣急促腳步聲擦身而過
我遂往瀟湘館奔去
聲嘶力竭地喊：

「寶玉，等等我！」

——一九九二·十一

荒原

我心中的荒原
你究竟在那裡
你是雲海
我舉目
你是滄海
我垂首
你是荊棘
我鮮血淋淋
你是危崖
我粉身碎骨
你為甚麼不告訴我
你究竟還在那裡

（在艾略特那裡？）
我是一隻撲向燈火的蛾
一直在追尋曠野中
那一盞茫然的燈

有時是回聲
有時不是
有時是晨星
有時不是
有時是小草
有時不是
有時是帳篷
有時不是
有時是海市
有時不是
有時甚麼都是

有時甚麼都不是

嘆

海濤呼嘯在千里外

讓

淚水滂沱流成長江

而後

一條潛龍飛天馳騁

銜著海上剛生的明月

孵出一個秦始皇的夢

火浴過後

還會有甚麼象形文字

只有皇帝高大的形象

只有漩渦

白天在江南村姑的臉頰

黑夜在銀河系的黑洞裏
飛旋

說來說去
那是一件很傷感的事
只有與世無爭的白雪
從來不簌簌落淚
（有無背人痛哭？）
她不斷仰臉輕呼：
「掌燈的，你去那裡
給我要回那一盞憤怒的燈」

有一個背影走向荒原

——一九九二·十一

白髮十吟

1

一場暴風雪後
蒼茫的工程逐開始動土儀式

2

一艘烏蓬船沿著月色來
詩人與楓橋沉默

3

地平線下太陽分娩時
一陣淒美的驚喊

4

王維在幽篁裏
與月影相對飲

5

落日從身旁躡足而過
我一把拉住她的裙裾

6

一宵相思淚
結成一根冰柱

7

當時唐時明月在灞橋
吹奏著一曲悲涼的離愁

8

過盡千帆皆不是
白鳥掠過滾滾波濤

9

江南的水聲欸欸
月光蕩漾那人的背影

10

雪香千里
釀成白酒

——一九九二·十二

旅程

在南方
我聽到一首斧頭之歌

秋來了
豔毒的太陽
還在烤烘天安門廣場

眾鳥北歸未有期

而你
卻追蹤自己的影子
霍然遠離了母親的
面龐

喏
眼淚還會回到壯麗河山的
懷抱？

後記：聞詩人顧城悲劇有感而作。

——一九九三

漢俳六首

(一)

藍天復寂寥
春花秋月何時了
情思雁來撩

(二)

長江盡入眼
舊時王謝堂前燕
涉水漸行遠

(三)

重山不可阻
兩岸猿聲啼不住
呼來棲心築

(四)

仙姑凝眸久
勸君更盡一杯酒
一醉解千愁

(五)

西湖比西子
天涯地角有窮時
長髮盡游絲

(六)

玄武湖豔遇

東邊日出西邊雨
回首流水意

——一九九三·四

隱題詩三首

朝甚麼航向呢？航向已經丟失了！

朝陽明天一定從東方昇起
甚麼都是熊貓的問題
麼？
航向大海靠舵手
向東方蓬萊還是西天樂土
呢？
航向一旦發現錯誤
向那萬劫不復燃燒
已經千錘百鍊的意象

經歷一而再再而三勺起後
丟
失得也差不多
了

我見到你就像是心裏豁然亮了起來

我啊是誰連我自己也不知道
見了靈隱寺的眾神後
到底有了頓悟還是執迷不悟
你甚麼也沒説
就揮出一把最犀利的慧劍
像流星
是蝴蝶
心中的太陽霍然滾入玄武湖
裏裏外外攪拌了血水與和淚水
豁

然
亮了起來的那枚月亮
了無水痕上睥睨
起初還置疑曖昧的前身
來不及欣賞荷花的天長地久

讓我的名字在任何人的心裏都不要喚起悲哀

讓他人去褒貶
我一點也不在乎
的確
名，我肯定排在最前
字字令人心驚膽跳
在縱橫捭闔的遊戲中
任何人都技不如我
何
人是對手？遂萌沒有對手的悲哀

心
裏的往事已成空轉成夢
都隱藏在星空裏
不用等一萬年
要在這風雨之夜
喚來曠野的意象
起舞如螢，提盞盞
悲歌　和
哀歌

吉蘭丹悲歌

1

火車迅速行駛
像村童扔來一條木棍
而我童年的夢
正在試穿藍天爺爺給的
漂亮衣裳，面對湖鏡自我陶醉
石磨、炊煙、小路都爭擠前看
只見暮色倚著牆角
和孤寂耳邊絮語
不時眺望遠方，好像
在等待那條木棍盤旋回來……

2

我在白雲下躑躅
將牧歌栓在山腳下
牧歌今年不回家
他將頭整個埋在夢鄉裏
遠處的汽笛聲使他驚醒過來
臉青唇白，恍惚在咀嚼
故鄉河水悠然的節拍
蕩漾著《詩經》《楚辭》的熱情和憂傷
將淤積在胸中的幾千噸泥沙
一下子沖刷到五千年長夜外……

3

洞外驀然響起了斧聲
陽光的身影彎身渴飲溪水

完全不去理會陰暗角落蝙蝠的窺探
所有的鳥語與花香
都無緣邂逅了，淙淙水聲
嵌在石柱上，像滿天繁星
你伸手想去摘下入懷
你既是一個浪漫的吉普賽詩人
鄉愁早已變成一個陌生的朋友
那斧聲彷彿細訴你最後的初戀……

4

那個聲音，會不會千里跋涉
赴約而來？在夢裏（醒來如夢）
你也許見過她的容顏
彷彿陪伴秦俑千年的白蓮
在古墓裏為前塵縫紉寒衣
可是要溫暖一顆凍僵的心

還是掩埋一個難忘之隱
你可是淚流滿腮，像雪花
紛紛飄沉寒冷的湖心
蕩漾漣漪到四周邊緣……

5

我背著我的歲月
穿過草原，走過大雪原
蒼茫遂飛影而過
突然發現籬笆上的牽牛花
寂寞地吹起了一季的期待和無奈
山光是我，水色是我
明朝醒來的時候
驀然驚覺那撥動的琴弦
正在大珠小珠落玉盤
呵，那是久違了的「廣陵曲」……

6

那廟前沉睡的石獅
那檐上入眠的麒麟
都已老了，一如斑駁的青苔
逐漸在風雨中消失記憶
卅年來，一條路向前延伸
一條河向前湧去
一首歌琤琤彈奏滄桑
星墜雲飛，香爐遂瘦成古寺的孤影
策杖徘徊在青山綠水間
喃喃自語：紅塵有逢……

——一九九三·六

黑巷的俳句（組詩）

1

螢火蟲亂竄
我瞥見惡狼眼瞳
埋在黑林裏

2

野獸的世界
永遠年輕的原因
即不分黑白

3

在人欲橫流
你根本沒法尋覓
一顆鵝卵石

4

太陽下山了
夜把鐘表拆開來
嵌入撲克牌

5

佝僂的老頭
到底是藥不對辦
或服用過量

6

彩色的蝴蝶

漫山遍野浪漫著
來人都背籮

7

世紀末性病
引渡無限纏綿後
蔚然成氣候

8

夜提紅燈籠
我背誦現代夜話
相對兩無言

9

螢火蟲朦朧
人類也醉眼惺忪

走上不歸路

——一九九四·十二·廿四作
——一九九五·四·十九改

老屋

——悼柳北岸前輩

那一枚
談笑風生
那斑斕的蝶夢
已寂寞成標本

那一聲
風流倜儻
那踏踏的馬蹄
已絕響于江南

那一把

斯文掃地*
集中了你的活力與魅力
　風雨再斑駁
　古井更枯竭
　坎煙復嗆咳
卻是永遠讓人思念的
老屋

*詩人自嘲。

——一九九五·十·一

鏡泊隨想

——聽熊岳老師古箏演奏

鏡泊湖水平如鏡
鴻雁并夕陽顧影
行遍千山和萬水
我心上只流著她

她從不隨波逐流
她從不同流合污
一葉小舟蕩漾著
她那顆純樸的心

假如你不曾忘懷

飛騰的瀑布的傾訴
你也一定緬懷那清澈的眸子
留下來一聲聲雁鳴

啊　那一雙纖纖巧手
彳亍在迷幻夢境
一片神秘的水下森林浮動著
依稀難忘的豔遇

漸漸地歸於沉寂
漸漸地歸於永恆
一樹碧色一湖夜色一幅秋色
都盡在箏弦浪漫

——一九九五·四·廿二

回首來時路
——獻給星加坡

回手來時路
一路泥濘癱瘓在遠邊
蛇一樣
被黑夜摟在懷中

而拓荒者
滿臉傷痕向我們走來……

回首來時路
我們跋涉過夕陽和伶仃
穿越過襤褸的歷史

來到一個交叉點

旗如風
是誰　在旗幟上綴出五顆星
……民主、和平、進步、公正與平等
驀然　紅彤彤的海濤中孕育出一枚新月
我們的理想如此光輝而痛苦

有過貶低　有過贊美
有過欺凌　有過擺理
有過無奈　有過盼望

我們會記住拓荒者的名字
我們會記住反抗者的名字
我們會記住建設者的名字
我們不會熱烈響應所有的野草

回首三十年
我們將會擁有一片純洁成熟的天空

——一九九五·七·廿六深夜

鐘聲依舊

夜色涼如水
燈火對愁眠

久違了，秋天
我底思念還留連在玄武湖邊

那張于思的臉龐
那雙欲說還休的眸子
一定都沒有改變
令人緬懷和傾心

夜落烏啼霜滿天

縱然懸掛兩頰亦不言悔
耐心等待夜半客船徐徐
敲打拂曉的鐘聲……

——一九九五·十·廿二

南京，你不要哭

南侵的蝗軍　曠野狼嗥
京城內　公然撕裂月亮的貞潔
你底心和我底靈魂
不盡嗚咽著秋海棠的愛情
要將人間的悲哀與蒼涼
哭成一條反法西斯的鞏固心防

後記：影片《南京1927》（原名《南京大屠殺》），英文名《Don't cry Nanking》，觀後思潮起伏，遂完成隱藏詩一首。

——一九九五·十一

靈魂

我來了，我的兄弟
半個世紀後我的靈魂
流連飲泣這裡

你可別喊我兄弟
因你的雙手沾滿了
我的南京親人的血

這裡為甚麼孤寂
這裡為甚麼荒蕪
夕陽搖撼著雞蛋花
墓碑依舊偎著紙鶴

她終於失去了絢爛的櫻花
失去了溫柔的夜以及冷黯的歷史
但是他的靈魂還在失眠還在望鄉
他狻猊怒目挾著刀光劍影
卻惘然網中白茫茫的感覺
既認為無罪可贖可以重覆歷史
寧讓靈魂彳亍在痛苦的旅程上

純樸的靈魂在星光下一隅洗滌心靈
而那個僵硬骷骨的軀體
悲戚地在那裡向三軍發號施令
絕望地憎恨和平的世界

我瞻仰美麗的靈魂
我悲歌可鄙的靈魂
死亡與幻夢混在一起

安眠的人們與日月一起永存

後記：與上海友人參觀日本公墓（裏頭埋葬南侵日軍統帥寺內壽一，軍人、軍妓及著名文學家二葉亭四迷），哀悼那些美麗與純樸的靈魂，亦輕蔑那些魔鬼的靈魂。余秋雨先生說：「這裡眞寧靜」，的確不錯，這裡令人毛骨悚然，亦令人百感交集，遂成此詩。

——一九九五·十一·十一

白蝴蝶

——悲悼鄧荻帆老師

滿山遍野的小白花
一隻隻白蝴蝶
風雨中穿梭

幾隻隱晦而斑爛的
幸而沒被人踏過尸體
輕盈而閃爍

時間在軌道上疾行
你如老鄉頂著草帽
笑吟吟如清泉淙淙
朦朧的海　被您喚醒

千帆迎著曦陽沿途歡唱
遙遠的海
蕩漾著月兒憂鬱的銀光
一個孤單的靈魂
徘徊在這漫長的旅途

獨釣乾燥的北方風砂
他期望著在和平里（注）
一個熟悉高大的背影
踽踽走來

讓啜泣掛在
一抹夕陽映照的林梢

（注） 詩人住處。

——一九九五·十一·廿二

焚寄張愛玲

1

那位來自黑山白水的薄命才女
寫出了《生死場》、《呼蘭河傳》的蕭紅
此刻正在與病魔抗爭
（她想到恩師魯迅先生
　想到苦難的東北老家老百姓）
也正在聆聽敵機的轟炸聲
夾雜著淺水灣浪拍聲

抬眼望去
從空中的墳地走過一道彩虹

閃爍不計其數的悲壯
（你想起童年和少年
天天曬太陽的那一對悲涼和悲哀）
從春到冬跌宕的季節變化
日月意象蕩漾著無名的蒼涼

2

迅雨（注）的批評有高度褒貶
柯靈的忠言袒露赤子之心
他們都對你充滿信心
期望你是亂世廢墟的一朵白蓮

相勸非常時期莫愁才華被掩埋
你卻懼恐入暮蒼茫早臨
到處串門出擊，出名要趁早啊
來得太晚，快樂也不那麼痛快

痛快人說痛快話
在滿目瘡痍的庭園裡
名和利是最豔毒的奇花異草
人人心上都抹上一層陰影

3

世界這麼冷颼颼
因為愛在一寸寸磨損毀滅
如果愛從世間遁形
人啊，你的感情豈不千瘡百孔
你對人間不再有愛
只感嘆人的本性原是惡的

只好利用落寞與不甘寂寞
拼湊成一幅蒼涼心境

4

愛
能令人怦然心碎

蒼涼人生誰不珍惜
那遽然叩門的知音
那陣急促又善於翻雲覆雨
那陣催促又令人咬牙切齒

因即果果即因因果相報
這不可理喻又可以理解
執著于千夫所指的愛情
昨夜星辰閃爍在今日十里洋場

問世間情是何物？
直教人生死相許！

5

結廬在異鄉
意在避開最髒的人
避開三十年代最紛爭的文壇
避開失落的愛情和呵斥
避開赤地秧歌的嘈音

拂去歲月的風塵
我彷彿聽見妳的低吟——
「我的路
　走在我自己的國土
　亂紛紛都是自己人

補了又補
連了又連的
補釘的彩雲的人民……」
你的心靈
是一篇美麗而蒼涼的詩歌

6

欲說還休
卻道天涼好個秋

在荒涼與淒涼之間
誰能說清楚是真情還是無情
還夾著多情、恨情、不了情
情到刻骨銘心只見大江滔滔地抽噎
你若有所思地佇立在風浪上
遙見故鄉的明月正與鄉愁

娓娓細數你對大地的癡情……

（注）即傅雷。

——一九九五·三·十二

我愛你，人民的兒子

有一管蘆笛
從綺麗的塞納河
吹到嚴寒的陝北
他的名字叫做——
艾青

有一把火炬
從貧瘠的黃土高坡
照亮繁華的江南
他的名字叫做——
艾青

有一座礁石
他不畏懼黑夜的恐嚇
他不乞憐波濤的威壓
他的名字叫做——
艾青

向著大堰河
向著北方的雪
向著滾燙的太陽
他把自己瘦成一管蘆笛
讓人民從他的尸體
發現一片廣袤的星空

我佇立逶迤巍偉的長城
輕撫披肩的雪衣
輕呼你的名字

我愛你，塞北的雪
我愛您，人民的兒子——
艾青！

——一九九六·五·十五

忿怒之歌

——致日本一小撮軍國主義者

忿怒像一把鋒利的刺刀
在蔚藍的天空揮砍
只有腥紅的海洋
才能讓你們認清我們的
旗幟………

它凝結了蘆溝橋的血淚
它把被撕裂的南京
繡成一顆熠熠的紅星
刺痛你們猙獰的雙眼

二十四顆淚珠（註）深沉地滴落心坎
晶瑩剔透的星空卻傳來狼隼的嗥嚎
釣魚台呀
瘋狼硬要搶你當他的情人

我們　全球炎黃子孫——
不答應！
我們勇敢的戰士
會站在戰鬥的最前哨

歷史終會使你們像一根枯枝
在冬夜的寒風中，年復一年
吟唱哀歌……

註：（二十四顆眼睛）是日本反戰作家壺井榮的作品。

——一九九六·十一

小百合

——悼茹志鵑前輩

在天高氣爽的藍天下
我低哼美麗的草原我的家
一身白衣的小百合
驀然在我周圍噓唏

她就要到遠方旅行
帶著一籃的坎坷與幸福
啊！我的夢破了一個大洞
淚珠遂化成繽紛的百合花
漂在黃浦江上……

後記：茹志鵑前輩曾來新加坡，與之相處如沐春風。好幾次經滬必去她的寓所探訪。她的小說《百合花》等是我愛不釋手的作品。

——一九九八·十一

詩二首

一個小紅點

風從那裡來
岸
高擎蘆葦四下張望
那當空的紅月亮
唱起了古老的船歌

排浪那裡來
燈
佇立料峭的絕壁上
陣陣寺院的鐘聲

紛紛取悅穹蒼

我瞭解了波濤洶湧的過程
一個小紅點是命運
一個小紅點是追尋
一個小紅點永遠在夢中，永在心裏

贊美（讀《淌血的五月》寄寒川）

他告訴世人沒聽見
子宮割裂的聲音
那是仇恨的幻象
不是荒野上的狼嗥

他告訴世人沒有出席
五月的饗宴
良辰美景獨缺達文西

他給世人預備了豐富的晚餐

我踟躕在世紀末的路上
忍辱的歷史太長了
無言的痛苦太多了
我從懷裏揣出一瓶平靜的海洋
灑下天地
贊美被侮辱與被損害的已站起來了……

後記：印尼總統哈比比說新加坡是海洋中的小紅點，語帶揶揄。

——一九九九

雪山春曉

你是我心中雪峰一座
春天徐徐推開
四周的一片寂靜

莊嚴神秘的布達拉宮映照
輕泉潺潺　和拍著
姑娘的輕盈與抒情

在歡騰的草原上
在熊熊的篝火邊
小伙子通宵跳著韃靼舞　綴滿了火星

黎明踮起腳尖張望
這座春意盎然的雪山
人們緊緊擁抱
這座生氣坦然的雪山

你是我心中雪峰一座
當回憶蕩漾在夢的心湖裏
你遂撫慰我這迷惑的靈魂萬萬年

後記：聆聽著名古箏演奏家范上娥（前中央音樂學院副教授）演奏代表作《雪山春曉》，聯想翩翩。

——一九九九·三

太陽下山了

——悼念舒巷城

天邊的寂靜傾聽我的吟泣
我卻像鯉魚門永遠傾聽太陽下山的呼吸

後記：六〇年代，舒巷城先生即在《伴侶》上提攜我。他爲人熱誠、正直、親切、淡泊名利，深深地影響我的文學道路。遽然痛失這麼一位亦師亦友，夫復何言。

——一九九九·五·四

啃草的靈魂

我們沿著隱形的浮雲的邊緣踉踉蹌蹌
因為爹娘再沒跟上來了
老屋的炊煙和鴿哨都已消隱
心裏實在慌，顧不上嗔怪
月亮那張蒼白的臉龐

我們有過成熟的鴿哨
忽地變成苦澀難咽
我們有過美麗的回憶
莫非引起撒旦的妒嫉而受傷
哈里路亞！

一切或許是一場夢
硝煙卻藏匿在科索沃和貝爾格勒之間
荒野上的鬼火彷徨驚慌
瞥見樹上盡掛著仇恨的紅瞳
哈里路亞！

斷崖！我們在這裡坐下
放眼紅色的曠野融於黑夜
一絲也聽不見愛的奉獻
只聽見被煎熬的靈魂在啃草
哈里路亞！

——一九九九·五·十五

後記

秦林

一天，我在南京的一條路上行色匆匆，街道上人潮洶湧，紅男綠女，悠哉閒哉逛街的大有其人。驀然，眼前出現一個衣衫襤褸，面黃肌瘦的老婦人，伸手向一個紳士模樣的男人求乞，男的旁邊緊挨著一個明豔照人的女人。那男的斥責老人，眼瞳露出凶光。我心中一震，這個曾被幾百萬詩行美化的國土怎會有這麼一幕不配襯的鏡頭？我暗忖：莫非那些頌詩是偽詩？遙想當年杜甫吟唱「朱門酒肉臭，路有凍死骨」，這樣反映現實生活的詩篇才會傳頌千古，才能震撼人心！

於是，我遂覺得一個詩人無論他寫了多少年的詩，寫了成千上萬行的詩，若他的感情是虛偽的，沒有貼近人民，盲目地跟隨潮流，為政治服務粉飾美麗新世界，那他就不是一個真正的詩人。真正的詩人要在萬籟俱寂的夜晚向星星傾訴他心中的焦慮、失望和憤懣。雖然這個世界在邁入新世紀之際仍像一片荒原，處處聞狼嗥，但詩人不該忘了自己的任務——為人民歌唱！

柏拉圖的理想國裏不能沒有真誠的歌者。

家。

再次感謝瑞獻兄，邀他寫序非為沾光，只因他是一位有深度內涵的作家兼藝術家。

還要感謝忘年交年輕詩人辛吟松，沒有這位老鄉的大力協助，這本詩集也不可能有機會在台灣出版。

雙子木（DICOTYLEDON）是一個植物學名，有正直的根，象徵我和乃健對文學詩歌的追求始終懷著不渝之心，象徵我們兩人因此而結成的永渝的友誼。

國家圖書館出版品預行編目資料

雙子葉 / 何乃健, 秦林著. -- 初版. -- 臺北市：文史哲, 民89
面： 公分. -- (詩學院 ; 6)
ISBN 957-549-315-x(平裝)

831.86 89011332

詩學院 IV

雙子葉

著　者：何乃健 秦林
出版者：文史哲出版社
登記證字號：行政院新聞局版臺業字五三三七號
發行人：彭正雄
發行所：文史哲出版社
印刷者：文史哲出版社
臺北市羅斯福路一段七十二巷四號
郵政劃撥帳號：一六一八〇一七五
電話 886-2-23511028・傳眞 886-2-23965656

實價新臺幣二〇〇元

中華民國八十九年八月初版

ISBN 957-549-315-x